Cœur fermé

Poèmes et Pensées

Pierre Legouix

Pierre Legouix
29 rue Maudelonde 14360 Trouville-sur-Mer

Courriel : plegouix@orange.fr
Site « Poèmes et Pensées » : http://www.poeme-et-pensee.fr

Éditeur : BoD-Books on Demand,
12/14 rond point des Champs Élysées,
75008 Paris, France
Impression : BoD-Books on Demand,
Norderstedt, Allemagne
ISBN : 978-2-322-14806-6
Dépôt légal : Septembre 2018

Tous droits réservés
Copyright © Pierre Legouix, 2018

Toute reproduction ou représentation intégrale ou partielle,
par quelque procédé que ce soit, des textes contenus dans le présent
ouvrage, et qui sont la propriété de l'auteur, sont strictement interdites.

Le destin conduit celui qui acquiesce

et entraine celui qui refuse!!!

                                                Sénèque

Avant-propos

Coeur fermé !!! Oui c'est le titre que j'ai choisi pour ce premier recueil de mes poèmes. Pourquoi coeur fermé ?

Au fil de mon existence et dans ma recherche de cette compréhension de la vie, dans mes réflexions et mes interrogations sur les événements de mon parcours, j'ai pris conscience que cette générosité apparente chez moi est en réalité là pour pallier une incapacité à ouvrir mon cœur aux autres. Je n'arrive pas à laisser parler les sentiments que j'ai au fond de moi.
En fait, je viens seulement de prendre conscience de cela. Je viens de prendre conscience que mes déboires, mes déceptions et mes peines aussi, sont dues à cette incapacité dans ma vie. Cela fait trente ans que je tourne en rond sur moi-même à vouloir comprendre le comportement des êtres à mon égard. Je ne pouvais comprendre pourquoi j'avais tendance à décevoir les autres alors que mes démarches étaient toujours inspirées de bonté, de générosité et aussi d'amour.
Un événement vient de me faire comprendre pourquoi. Pourquoi je veux que les autres s'ouvrent à moi alors que je ne veux pas m'ouvrir aux autres ! L'un n'allant pas sans l'autre, mes démarches sont vouées à l'échec.
Ce qui est terrible pour moi, c'est que je ne suis pas sûr que cette compréhension me permette pour autant de changer de comportement. Oui je doute, car cette peur viscérale de m'ouvrir me paralyse rien qu'à y penser. J'ai pleuré avant d'écrire ces lignes et je pleure là en ce moment car j'ai mal de témoigner de ce terrible constat.
Je ne pouvais comprendre pourquoi j'étais toujours insatisfait de l'ensemble de ma vie et à la recherche d'un bonheur ou d'un amour qui calmerait mes angoisses. Je ne pouvais surtout pas comprendre pourquoi cela, parce que je suis conscient que finalement je ne suis pas tant à plaindre que cela. En effet, je suis en bonne santé, j'ai une situation professionnelle plus qu'honorable, des enfants et petits enfants beaux et charmants et une épouse que beaucoup d'hommes pourraient m'envier !!! Ben oui, jamais je ne parle d'elle car en fait je suis un ingrat. C'est vrai, comment ne pas être heureux quand votre compagne est toujours présente, douce, attentive, bonne maîtresse de maison, bonne mère de famille... ?

En réalité, si tout me parait raté, c'est qu'en fait tout ce que j'ai entrepris, je l'ai fait avec ma raison et non avec les sentiments de mon cœur.
Cette foutue raison qui, pour avoir raison, produit du paraître dont je sens bien qu'il n'est pas sincère.
Bien évidemment, faire ce constat fait mal, très mal même. Mais étonnamment, je peux faire ce constat car en ce moment, il y a quelque chose qui me fait encore plus mal et en fait ce constat calme cette douleur qui me vient depuis quelques temps. Cette douleur qui me fait pleurer -comme pleure un gosse attendant de se faire cajoler par sa mère et ne la trouvant pas- vient des souvenirs des débuts de ma vie, enfance et adolescence.
La certitude et la force en moi étant les deux piliers de mon assurance dans la vie, j'étais bien assis dessus quand un événement est venu remettre en cause le premier de ces piliers.

Cet événement a été la disparition brutale et récente de mon amie d'enfance Marie-José.
Je soupçonne cette dernière, qui avait réussi à mettre un pied dans ce cœur bien avant notre adolescence, avant donc que ce coeur ne se ferme, d'influencer depuis l'au-delà mon comportement !!!
Ne riez pas, puisque c'est grâce à elle que ce recueil voit le jour. En effet, comme le dernier poème de ce recueil «A l'écoute d'un ange», cette préface, que je n'imaginais même pas écrire, s'écrit après avoir beaucoup pleuré.
A chaque fois, je ne pleure pas parce que je suis triste ou me sens malheureux mais pour me ramener dans mes souvenirs de jeunesse et à chaque fois, j'arrête de pleurer quand je comprends que je dois me mettre à écrire. Comprenez bien que sinon jamais je n'aurais écrit ces lignes qui ne sont pas à mon avantage et que j'aimerais bien pouvoir expliquer les choses autrement. Mais voilà, je ne suis pas tout à fait maître de ce que j'écris et surtout je me dois de donner satisfaction au premier amour de ma vie. Je me dois de lui donner au moins satisfaction dans l'au-delà puisque je n'ai pas été capable de lui donner satisfaction sur terre...

Oui, le coeur fermé, problème de ma vie remontant à notre jeunesse à tous les deux. J'aimais cette belle jeune femme mais je n'ai jamais été capable de lui avouer mes sentiments par peur de la femme qu'elle était devenue. Pourtant, je savais qu'elle attendait que je me déclare

mais la peur me paralysait, m'interdisant d'ouvrir et de lui offrir le contenu de mon cœur. Voilà le drame qui m'a toujours perturbé.
Maintenant qu'elle a regagné son état premier, c'est-à-dire un Ange, il m'est beaucoup plus difficile de tricher. Vivante sur terre, je pouvais tricher. Mais là maintenant, avec un Ange, c'est plus délicat.
Elle voit bien et elle sait comment procéder pour me corriger. Elle joue sur ma sensibilité et me fait pleurer jusqu'à que je me rende à l'évidence de mon égarement.
C'est comme cela qu'elle m'a fait écrire «A l'écoute d'un ange». Je ne comprends pas tout dans ce poème ou peut-être que je ne veux pas tout comprendre. De même, elle m'a incité à faire ce recueil de mes poèmes. Cette éventualité ne s'était jamais imposée à moi avec tant de force. Pourtant, ce n'est pas faute d'avoir été sollicité par d'autres femmes qui m'incitaient à faire un recueil de mes poèmes. Mais pour moi, Internet était suffisant.
Et puis, j'ai bien ressenti que cela ne suffirait pas et elle me fait donc écrire ce que vous lisez en ce moment.
Beaucoup de monde a déjà lu mes poèmes puisqu'il sont sur le net mais en faire un recueil, c'est comme matérialiser des pensées poétiques.

Ce recueil n'est donc pas mon œuvre mais la tienne, Marie-José. C'est pour toi qu'il voit le jour. Rien que pour toi. Pour toi qui, en parallèle de ma vie, as vécu la tienne en tant que femme, épouse, mère et grand-mère sachant malgré tout, et cela je le sais bien, vivre ta vie en ayant comme un fil d'Ariane te permettant de ne pas perdre ma trace. Nous avons vécu de très longues années sans communiquer et pourtant... De ton vivant, tu m'as dit des choses qui sont apparues vraies. Et aussi, mais peut-être ai-je rêvé, pendant la période de ton coma, il me semble bien que tu m'as visité à plusieurs reprises, me mettant en garde sur ce qui allait se passer. Surtout de ne pas me tromper sur comment réagir face aux événements. J'ai pu déjà constater que cela correspondait à une certaine réalité.

Si ce fil d'Ariane, si fin et si intemporel, a eu la capacité de résister depuis notre tendre enfance, c'est qu'il a son importance dans cette mouvance de la vie.
Moi maintenant, j'ai bien l'intention de ne plus lâcher ce fil qui est une porte ouverte à la vie.
Alors mon amie, j'ai écrit pour toi ce recueil afin de te rendre hommage, en réparation de mon manque de courage et aussi pour crier au monde

entier les dommages qu'occasionnent, souvent pour la vie, d'avoir un cœur fermé.
Petit ange, continue donc à me faire pleurer, si tu estimes que je ne suis pas digne de toi, et cela jusqu'à la fin de mes jours si tu le veux. Cela ne pourra qu'adoucir la dureté de mon coeur.
Je sais, Marie-José, j'ai fini par écrire ce que tu voulais me faire dire…

Pour clore cet avant-propos, quelques explications sur la suite de votre lecture :

Vous découvrirez mes poèmes sur les pages droites de ce recueil. Sur les pages gauches, je n'ai pu m'empêcher de mettre des citations qui m'ont beaucoup interpellé au cours de mes lectures ; elles proviennent de grands penseurs et philosophes des temps anciens. Ces préceptes et réflexions sont à mon sens toujours d'actualité et peuvent donner un fil conducteur à ma vie, pour peu que je veuille bien me donner la peine de les méditer.

Mais avant d'arriver à ces citations et mes poèmes, j'ai voulu insérer des poèmes de circonstance de deux amies.
Ensuite, vous trouverez aussi quelques messages que Marie-José m'envoyait et où vous pourrez découvrir qu'elle se plaignait à moi des souffrances que sa maladie lui faisait endurer alors que sa famille, ou du moins une bonne partie, ne s'en rendait pas compte...
Si je mets ici ces messages sur ses souffrances c'est que je sais qu'elle accepte que je dévoile ces confidences-là, afin que sa famille puisse comprendre son départ.
Enfin, j'ai placé deux de ses poèmes : « Souvenirs présents » et « Balade des saisons » qui reflètent exactement nos souvenirs de jeunesse.
Marie-José explique bien dedans que je n'osais faire le premier pas alors qu'elle attendait...

                            Pierre Legouix, 30 novembre 2005

Introduction

Mon cœur est en deuil

Mon cœur est en deuil
Je me sens seule,
Où est-tu ?
O mon amour !
Regarde mes yeux qui pleurent,
Ecoute ma voix qui te parle.
J'attends au-delà de ma vision,
Un amour impossible.
Je suis folle car j'attends,
Je sais que je demande toujours trop.
Où suis-je ? Dans un autre monde !
Mon cœur qui me guide,
Vers cet avenir inconnu.
Je ne sais pas quoi faire,
Mon cœur est en deuil.
Il compte ses dernières heures,
Je ne peux rester sans rien faire.
Avec un cœur têtu,
Car il t'aime, toi !

Fatima Zohra Dahmani

L'envie d'aimer

Comme une fleur que l'on arrose
Mon cœur fané ne demande qu'à s'ouvrir,
Comme un oiseau en plein vol
Mon cœur ne demande qu'à battre plus fort,
Comme un ange vêtu de blanc
Mon cœur ne demande qu'à s'éclairer,
Comme une bougie que l'on allume
Mon cœur ne demande qu'à scintiller,
Comme un bouchon à la mer
Mon cœur ne demande qu'à être retrouvé,
Comme la chaleur du soleil
Mon cœur ne demande qu'à se réchauffer,
Comme pour aller plus vite
Mon cœur ne demande qu'à grandir,
Comme l'amour est plus fort
Mon cœur ne demande qu'à être aimé...

Magali Marais

Messages mails de Marie-José

24 juin 2005

« Coucou
Bien reçu ton message qui m'a un peu peinée. Il ne faut surtout pas te culpabiliser pour moi. Non, mon cancer n'a rien à voir avec toi, c'est le destin qui l'a voulu ; Mais c'est grâce à lui que l'on a pu aujourd'hui se revoir, c'est aussi le destin qui a voulu que tout ce qui s'est passé arrive. Tu sais, la vie réserve bien des surprises alors il faut la laisse faire. Moi, c'est comme ça que je vois les choses. Il faut laisser faire le temps. Tu sais, chaque jour qui passe est pour moi une merveille : le coucher du soleil, une fleur qui éclot ainsi que son parfum, le rire de mes petits enfants, le sourire de mon mari. Tout cela pour moi est si merveilleux, tout ce qui m'arrive aujourd'hui m'apprend que la vie doit se vivre en paix avec soi et en harmonie avec la nature. Bien sûr, il y a des moments difficiles mais il faut aussi surmonter mes peurs. Quand j'ai une pensée vers toi alors tout redevient serein.
Je te laisse mon ami et surtout ne t'en fais pas, j'ai confiance en la vie et je crois que j'ai un ange qui me protège. D'ailleurs, j'en suis certaine et ce petit ange est ma fille Eugénie qui es là près de moi. Je te fais de grosses bises à très bientôt. Une amie de coeur qui pense à toi.
José »

10 mai 2005

« Cher Pierrot,
Excuse-moi si je ne t'écris pas beaucoup en ce moment, mais je n'étais pas en grande forme. Il faut dire que je ne suis bien que trois jours et après c'est le lit avec les douleurs. Alors parfois j'ai le moral qui s'en va. Comme je te l'ai déjà dit, c'est le soutien de ma famille et toi par la pensée. Pour cela je t'en remercie. Je ne vais sur l'ordinateur qu'une fois toutes les deux semaines, mais je pense beaucoup à toi, car ta pensée me donne du courage. Je vais te laisser en t'embrassant bien fort et de tout mon cœur.
Une amie de coeur qui pense beaucoup à toi.
José »

13 avril 2005

Salut
Il y a bien longtemps que je suis allée sur le net mais il faut dire que j'ai passé des moments que je ne souhaite à personne. Mais cela m'a fait voir que l'amour que l'on porte aux autres peut nous donner des ailes et aussi beaucoup d'espoir.

Mais l'amour que te portent tes enfants et aussi ton conjoint est si fort qu'il est le chêne qui te supporte et te donne la branche à laquelle tu peux te

raccrocher. Mais que ces moments étaient durs et longs. Il y a aussi ceux qui sont loin et dont tu sens la présence et dont tu entends leur voix pour te pousser à aller de l'avant. Tu vois, tu étais là toi aussi pour me soutenir, oui mon Pierrot dans ces moments je pense à toi.
Je te laisse, je suis encore un peu fatiguée. Je t'embrasse tendrement et te dis merci.
Une amie de cœur.
José »

11 février 2005

« Coucou
Excuse-moi pour le retard que j'ai mis à t'écrire mais j'avais le moral si bas que je croyais que je ne connaîtrais pas mon petit fils qui vient de naître. Hé oui, je suis de nouveau grand mère, et cette fois c'est mon fils qui vient de devenir papa d'un petit Antoine. Mon mari est fou de joie et je ne dis rien du reste de la famille qui vit en Auvergne. Ils attendent les vacances pour voir le bébé car Guillaume est le seul qui va donner suite à notre nom. Et oui.
Et toi mon Pierrot comment va-tu ? Bien j'espère. Pour moi, tous mes examens sont bons mais j'ai toujours ces douleurs qui me minent. Je te laisse en t'embrassant bien fort et de tout mon coeur, je te joins une photo de mon petit Antoine.
Une amie de coeur qui pense à toi.
José
PS : je voudrais te dire merci et mille fois merci pour ta visite au jour de l'an.»

13 janvier 2005

« Bonjour,
J'espère que tu vas bien depuis les fêtes. J''ai été très heureuse de te voir, mais ça tu le sais. Moi en ce moment, je n'ai pas le moral, je vois tout en noir et je ne sais comment en sortir mais bon, il va valoir que je fasse un très gros effort.
Je vais te laisser en t'embrassant bien fort, à très bientôt.
Une amie de coeur.
José »

Souvenirs présents

Je me souviens de son sourire, de la couleur de ses yeux et de cette petite ride au coin de l'œil, lorsqu'il éclatait de rire, de son bon rire qui me donnait de la joie...

Oui, je me souviens.

Je suis assise près de la fenêtre, le regard dans le lointain, j'entends le son de sa voix, si grave et si tendre, son rire lorsqu'il arrivait à la maison, et sa façon de dire bonjour qui me faisait rire, oui je l'entends...
Oui je me souviens.

Les yeux fermés, je revois ces journées que nous passions ensemble. Une larme coule sur ma joue... que de souvenirs si tendres et si lointains. Des souvenirs que je ne peux effacer et que je ne veux effacer, qui sont si présents au fond de mon cœur
Oui je me souviens.

Je suis assise là, sur ce fauteuil. La journée est bien triste et il pleut depuis ce matin. La douleur est là aussi, si présente et si forte que je ne peux crier.

Alors je laisse mon esprit qui me fait aller vers le passé... et c'est son visage et sa voix qui sont présents.
Son beau visage, je le revois comme si c'était hier... alors je me laisse bercer et comme un tourbillon je me retrouve dans le passé.
Je le vois comme à dix-sept ans, là devant moi. Je sens la douceur de ses mains se poser sur les miennes et la douceur de ses lèvres sur mes joues.

Et son rire, oui son rire si chaud, si tendre se répandant dans la pièce. Alors comme par miracle, ma douleur s'en va !!!

Et je nous revois dans ce petit café où nous nous retrouvions avec d'autres jeunes du village le dimanche midi. Je le revois jouer au baby foot, moi assise à attendre qu'il fasse le premier pas.
Que c'est loin et si près de nous ! Toi mon ami, t'en souviens-tu ?

Oui, je me souviens et ses souvenirs m'aident aujourd'hui ... J'ose écrire combien tu as compté et tu comptes pour moi.

Oui, je me souviens de tout cela. Je sais combien notre amitié est belle et sincère. Qu'elle sera pour le reste de la vie fidèle à nous deux et que personne, non personne ne pourra nous la prendre... de nous séparer de ce lien si fin et si temporel.

Oui, pour moi dans les moments les plus difficiles, tu es là près de moi. Tu me souris et d'un geste de la main me quitte pour me donner du courage. Alors aujourd'hui je te dis merci, merci...

Oui, je sais que toi aussi tu n'as pas oublié notre courte, si courte jeunesse.
Marie-José
26 juin 2005

Ballade des saisons

Tournent les aiguilles de la pendule, passe, passe le temps.
Passe le temps, comme les saisons, comme les couleurs du temps,
Temps passé, temps présent.
Tournent les aiguilles de la pendule, passe, passe le temps,
Comme la jeunesse si proche et si lointaine aussi,
Comme les couleurs du printemps.
Printemps de l'enfance où tous les rêves sont permis.
Où la couleur de l'espoir est partout, ce vert si tendre, si fort, si frais,
Et l'odeur du réveil de l'hiver qui éveille nos sens.
Le gazouillis de l'eau qui coule doucement,
Le chant des oiseaux qui nous rappelle que maintenant
Des nouveaux jours arrivent, qu'une nouvelle vie commence,
Oui jeunesse si proche et si lointaine mais si pleine d'espoir.
Que de rire, que de joie, mais aussi de larmes.

Tournent les aiguilles de la pendule, passe, passe le temps
Passe le temps comme les saisons, comme les couleurs du temps,
Temps passé, temps présent.
Tournent les aiguilles de la pendule, passe, passe le temps,
Comme la jeunesse si proche et si lointaine aussi,
Comme les couleurs de l'été.
Été de la jeunesse si pleine de vie,
Où nous croyons que nous sommes adultes.
Alors plus rien ne peut nous arriver,
Jeunesse de l'amour, jeunesse si fragile mais belle,
Jeunesse couleur or comme le soleil à son zénith,
Où les corps se cherchent, où tous les désirs se réveillent,
Où l'on croit que l'amour est éternel.
Jeunesse de l'été si courte, si belle,
Jeunesse qui reste gravée dans notre mémoire à jamais.
Comme le premier sourire du garçon assis à coté de soi,
Comme le premier baiser.
Ho ! Jeunesse si courte, si lointaine, mais si proche.

Tournent les aiguilles de la pendule, passe, passe le temps.
Passe le temps comme les saisons ; comme les couleurs du temps,
Temps passé, temps présent.
Tournent les aiguilles de la pendule, passe, passe le temps
Comme la jeunesse si proche et si lointaine aussi,
Comme les couleurs de l'automne,

Automne de la vie.
Les couleurs sont devenues plus chaudes,
Couleurs ocre et rouge, et une chaleur douce tombe sur nos épaules,
Sous nos pas craquent les châtaignes,
Une odeur douce monte de la terre.
Un doux soleil nous réchauffe,
Sur nos pas un chien court devant nous,
Comme si le temps allait s'arrêter.
Une image nous revient du passé, l'air d'une chanson,
Alors nous sourions.

Tournent les aiguilles de la pendule, passe, passe le temps
Comme la jeunesse si proche, mais si lointaine
Le blanc manteau de l'hiver a revêtu la campagne,
Le vent chante dans les arbres nus un chant mélancolique.
Dans la maison une douce chaleur nous enveloppe,

Une odeur de café ainsi que de chocolat embaume la pièce où nous sommes.
Le chien à nos pieds nous regarde en soupirant,
Le chat près de la cheminée ronronne de bien être,
Comme nous sommes bien.
Que de parcours ensemble, main dans la main, que de joies.
La neige tombe, c'est l'hiver, je ferme les yeux...
Non je regrette rien.
Oh jeunesse frivole, jeunesse qui passe bien vite,
Je garde au fond de moi le sourire,
Le rire et le regard de ce garçon qui n'osait parler,
Il est dans ma mémoire,
Il est mon jardin secret.

Passe le temps, passe les aiguilles de la pendule,
Comme les saisons, il aura d'autres printemps,
D'autres étés, d'autres automnes et hivers.
Non je ne regrette rien,
La main dans ses mains, je suis bien,
Le feu chante dans la cheminée,
Le vent chante dans les arbres nus,
Je souris.

Pour mon ami d'enfance

Marie-José 17 février 2004

Pensées

...Honore aussi ton père, ta mère et tes proches parents,
Entre les autres hommes, fais ton ami de celui qui excelle en vertu. Cède toujours aux paroles de douceur et aux activités salutaires.
N'en viens jamais, pour une faute légère, à haïr ton ami,
Quand tu le peux ! Car le possible habite auprès du nécessaire.
Saches que ses choses sont ainsi et accoutume-toi à dominer celles-ci : La gourmandise d'abord, le sommeil, la luxure et l'emportement.
Ne commets jamais aucune action dont tu puisses avoir honte,
ni avec un autre,
Ni en ton particulier.
Et, plus que tout, respecte-toi toi-même ;
Pratique ensuite la justice en actes et en paroles...

Extrait des vers d'or de Pythagore

Poèmes

A mon amie d'enfance

Mélancolique je suis de ton départ mon amie,
Amer est mon cœur et orphelin mon esprit.
Ressassant en moi les souvenirs de notre jeunesse,
Innocence d'enfants s'aimant à contresens du reste.
Espérance folle d'ignorants aux cœurs brisés,
Jamais je n'oublierai les moments ensemble passés.
Oh non, la mort ne pourra briser entre nous ce lien,
Seul sans toi sur terre, je continuerai à partager ce bien.
Et toi de là-haut tu sauras me guider comme une mère,
Ménageant ma compréhension de la vraie vie sur terre.
Oublie mes faiblesses et veille sur ton ami,
N'oubliant pas ceux qui te sont proches et chéris.
Apporte dans leur cœur la paix et l'amitié,
Mélange subtil créant l'amour de vérité.
Ils te pleurent car leurs yeux ne te voient plus,
Et pourtant s'ils savaient comme c'est superflu
De se rassurer d'un corps parfois meurtri,
Et d'ignorer l'âme qui en est le véritable fruit.
N'oubliant pas pour ma part ce secret partagé,
Fier je suis dans ton cœur d'avoir toujours été.
Amour pur est un amour qui ne peut périr,
Non jamais je n'oublierai ton joli sourire.
Cette prose je te la dédie ma tendre amie,
Enfance éternelle que ton âme soit bénie…

10 octobre 2005

Tu portes en toi-même un ami sublime que tu ne connais pas. Car Dieu réside dans l'intérieur de tout homme mais peu savent le trouver.

L'homme qui fait le sacrifice de ses désirs et de ses oeuvres à l'être d'où procède le principe de toutes choses et par qui l'univers a été formé, obtient par ce sacrifice la perfection.

Car celui qui trouve en lui-même, son bonheur, sa joie, et en lui-même aussi, sa lumière est un avec Dieu.

Or, saches-le, l'âme qui a trouvé Dieu est délivré de la renaissance et de la mort, de la vieillesse et de la douleur et boit l'eau de l'immortalité...

Extrait de la Bhagavad Gita

Espérance

Femme lointaine ce poème je te devais
Avec respect te dire que ta vision de la vie me plaît
Tu mérites à mon sens de trouver la voie de la vérité
Ignore cependant les faux-semblants pour le vrai
Même si parfois la tristesse arrive à prendre le relais
Arme-toi de patience face à tes attentes avérées
Zèle certain de la Foi en toi sera là pour t'aider
Ose croire que la vie saura bien t'exaucer
Honorant ton amour qui ne demande qu'à être diffusé
Réalisant ainsi ton souhait d'une vie bien partagée
Avec passion pour l'être qui saura t'apprécier
Dans le feu de l'amour tu sauras bien le combler
Apportant de la vie et de la chaleur dans ton foyer
Hommage ainsi sera rendu à ta grande sincérité
Mais n'oublie pas que la vie a ceci de particulier
Avoir l'impression d'être du destin éternellement oublié
N'en crois rien l'avenir se chargera de te démontrer
Ici bas que la justice divine est bien une réalité.

30 décembre 2003

Celui qui reste inébranlable malgré le flot incessant des désirs comme l'océan demeure immuable malgré les mille fleuves qui s'y jettent, peut seul trouver la sérénité ; mais certes pas celui qui cherche à satisfaire ses désirs ...

Les sens prévalent sur la matière inerte, mais supérieur aux sens est le mental, et l'intelligence surpasse le mental ... Encore plus élevé que l'intelligence, cependant, est l'âme.

Qui a maîtrisé le mental, et ainsi gagné la sérénité, a déjà atteint l'âme suprême. La joie et la peine, le froid et la chaleur, la gloire et l'opprobre, il les voit d'un même oeil...

Extrait de la Bhagavad Gita

Une Étoile

Une étoile brille dans le firmament,
Elle brille de mille éclats éblouissants,
Comme l'étoile du berger en son temps,
Me faisant prendre un chemin surprenant.

Cette étoile se situe vers l'orient,
Elle scintille tel un cœur flamboyant,
Me guidant dans mes pas chancelants,
M'aidant à sortir de mon égarement.

Cette étoile est une fée assurément,
Car trop de faits sont troublants,
Me causant un grand bouleversement,
Depuis que je l'observe assidûment.

Cette étoile s'obscurcit par moment,
Si j'arrête de la regarder volontairement,
Telle une femme jalouse amoureusement,
Vers elle mon regard tourné exclusivement.

Cette étoile je me mets à l'aimer follement,
Est-ce une étoile ou bien une fée décidément,
Mais si loin que je doute de mon discernement,
Et trouve que l'incertitude me gagne souvent.

Cette étoile me donne envie par moment,
Produisant en moi de l'énergie tel un aimant,
Pour pouvoir réduire l'espace et le temps,
Afin de pouvoir l'atteindre en un instant.

Cette étoile me fait signe et c'est étonnant,
Qu'en moi je puisse ressentir les sentiments,
De cette fée loin de moi malheureusement,
Au travers de tout l'espace et du firmament.

Cette étoile donnant un courage surabondant,
Enlevant en moi le doute de cet engagement,
Gonflant mon cœur d'espoir, me retrouvant
Avec un défi face à mes peurs assurément.

27 novembre 2005

Il y a longtemps, dès notre première lueur de conscience, les préceptes de nos pères et ceux de la divinité n'ont cessé de nous enseigner, et cela nous a été confirmé par les exploits et les nobles résolutions de nos ancêtres, que pour l'homme, c'est la vie et non la mort qui est malheur. Car c'est la mort qui donne à l'âme sa liberté et lui permet de partir pour le séjour qui est sa patrie et où elle sera exempte de tout malheur. Au contraire, aussi longtemps qu'elle reste enchaînée dans un corps mortel qui la remplit de sa propre corruption, à exprimer la stricte vérité, elle est morte :
Car l'association de ce qui est mortel ne convient pas au divin.

A vrai dire, l'âme enchaînée au corps, a une grande puissance, car elle fait de lui son organe de perception, elle le meut tout en restant invisible, et elle le conduit dans ses actes au-delà de ce que peut une nature mortelle.

Mais lorsque délivrée de ce poids qui l'attirait vers la terre et se pendait à elle, l'âme regagne son séjour natal, alors vraiment elle participe à la force des bienheureux et à une puissance libre de toutes entraves, demeurant comme Dieu lui-même invisible au regard humain.

Car, même pendant qu'elle est dans le corps, on ne la voit pas ; elle s'y introduit sans être vue et en repart de même, étant de nature une et incorruptible, mais cause de changement pour le corps :

Car tout ce que l'âme touche, vit et fleurit ;
Tout ce qu'elle abandonne, se flétrit et meurt :
Tant elle regorge d'immortalité ...

Ecrit ancien

Marie José

Mystère de la vie, mystère de la mort pour notre compréhension
A toi maintenant qui est sortie des entraves de nos imperfections
Rien ne t'est plus caché, je le sais et c'est pour cela que je suis rassuré
Il m'arrive parfois de douter mais avec toi cela ne va plus m'arriver
Eclaire mes jours et mes nuits pour m'aider dans ce calvaire de la vie

Je sais que tu sais tout ce que j'ai appris sur la compréhension de la vie
Où que tu sois toujours je te retrouverai malgré l'immensité de l'espace
Seule la raison humaine n'est rien sans une connaissance divine bien en place
Et toi mon amie tu l'as acquise avant de partir et pour cela de toi je suis fier

Déploie tes ailes d'amour et de paix sur les êtres qui te sont chers
Et toi chérie mon amie d'enfance tu deviendras une étoile au firmament
Vivante plus que jamais çà je le sais, tu rayonnes comme un diamant
Eternelle resteras-tu avec l'amour, la paix, la connaissance et la vérité
Zeste qui permet de passer de ce monde à l'autre en restant bien éveillé

13 novembre 2005

Nulle pierre ne peut être polie sans friction, nul homme ne peut parfaire son expérience sans épreuve.

Quand on ne sait pas ce qu'est la vie, comment pourrait-on savoir ce qu'est la mort.

Confucius

Quand tu as refermé la porte de ta chambre et éteint la lumière, veille à ne jamais prétendre que tu es seul ; car Dieu est avec toi.

Epictète

Ayez de la haine pour le péché et de l'amour pour le pécheur.

Gandhi

J'aime...

J'aime les roses, tu en es une
J'aime une femme, tu es celle-la
J'aime la vie, ton cœur bat pour cela
J'aime tes yeux, ils réchauffent comme le feu
J'aime tes lèvres, un délice qui donne la fièvre
J'aime tes seins, ils rendent l'enfant que je suis serein
J'aime tes rires, ils donnent du piment à ma vie
J'aime ta voix, elle me donne de la joie
J'aime tes plaisirs, ils me rendent fou de désir
J'aime tes cheveux, ils me font penser que j'en ai peu
J'aime ta franchise, elle fait travailler ma matière grise
J'aime ta foi, elle conforte celle qui est en moi
J'aime tes « je t'aime », en écho je te dis de même

6 décembre 2005

Pour les femmes, la douceur est le meilleur moyen d'avoir raison.

Madame de Maintenon

Dans le théâtre des humains, les places de spectateurs sont réservées à Dieu et à ses anges.

Pythagore

La vie est pièce de théâtre : ce qui compte, ce n'est pas qu'elle dure longtemps, mais qu'elle soit bien jouée.

Sénèque

La morale

La morale est un code de bonne convenance,
c'est souvent se donner bonne conscience
dans nos sociétés toujours en mouvance.

J'ai étudié l'ancien et le nouveau testament
et un livre saint qui se nomme le coran,
trois livres divins, révélés et correspondants.

Dans l'ancien, la loi de Dieu comme avertissement,
l'amour dans le nouveau comme Dieu le voulant
et cela n'est pas appliqué, ce que dit le coran.

Le musulman, le juif et aussi le chrétien,
doivent chercher dans ces trois livres saints
leurs voies pour avoir un bon et même destin.

Avec Abraham, Moïse et les autres prophètes,
les juifs avaient de quoi avoir une vie parfaite
et diffuser la loi de Dieu sur toute la planète.

Avec Jésus, fils de Marie la vierge bienheureuse,
les chrétiens avaient l'amour comme base sérieuse
qui n'est pas celui de la morale fort pernicieuse.

Avec Mahomet, le divin prophète de Dieu,
les musulmans sont équipés pour faire mieux
car la tolérance est une voie vers les cieux.

Mais le croyant qu'il soit juif, chrétien ou musulman
doit s'occuper de sa propre conduite, tout simplement
laisser à Dieu le soin de juger chaque comportement.

Les trois livres nous l'expliquent très clairement,
alors pourquoi désobéir à Dieu le très clément ?
C'est qu'à l'opposé la morale dit de faire autrement...

La tendance de la nature de l'homme est bonne, comme la tendance de l'eau est de couler vers le bas.

J'aime le poisson et les pattes d'ours. Si je ne puis avoir les deux, j'abandonnerais le poisson et garderais les pattes d'ours.

Ainsi, j'aime la vie et j'aime aussi la justice.
Si je ne puis garder les deux ensemble,
j'abandonnerais la vie et choisirais la justice.

Meng Tseu

Qu'elle soit juive, chrétienne ou bien musulmane,
pour défendre des intérêts souvent profanes,
tels les biens, les positions dominantes et partisanes.

La loi divine dit qu'il ne faut pas voler ou tuer !
Et la morale se prenant pour dieu de toute vérité,
se permet de faire ce que Dieu demande de pardonner ! ! !

La loi divine dit : pas de convoitise, ni d'adultère,
et la morale se prenant pour le seul juge expert,
condamne et réclame vengeance pour se satisfaire.

La loi divine dit : aimez vous comme des frères
et la morale se prenant pour l'amour vrai,
punit le délinquant afin de se satisfaire.

En fait, la morale fait de la loi divine tout le contraire,
elle tue alors que Dieu a dit : abstenez-vous de le faire,
Condamne alors que Dieu dit : ce n'est pas votre affaire.

La morale ne rapproche pas de Dieu mais le contraire,
elle est hypocrite, voleuse et très grande meurtrière,
culpabilisant l'humain sincère recherchant la lumière.

Soyez comme Moïse qui a tenu tête à pharaon,
soyez comme Jésus qui su utiliser le pardon,
soyez comme Mahomet qui a su maîtriser sa raison.

Ce qui est important dans les religions,
ce n'est pas ce qui divise faisant légion,
mais ce qui rassemble dans la communion.

25 mai 2005

De l'esprit proviennent toutes choses.
Tout naît de l'esprit, est formé par l'esprit.
Si quelqu'un parle avec un mauvais esprit, agit avec un mauvais esprit, la souffrance le suit aussi sûrement que la roue suit l'animal de trait.

Sagesse chinoise

Lorsque donc quelqu'un te met en colère, saches que c'est ton jugement qui te met en colère.

Epictète

On ne peut rien apprendre aux gens. On peut seulement les aider à découvrir qu'ils possèdent déjà en eux tout ce qui est à apprendre.

Galilée

Qui es-tu ?

Mais qui es-tu donc, femme insaisissable ?
Je t'entends, te ressens mais jamais ne te vois.
Qui es-tu donc avec ta sagesse inépuisable ?
Dont tu m'instruis chaque jour malgré moi !

Mais qu'attends-tu de moi, fée du soir ?
Qui veille sur moi depuis déjà vingt ans.
Qu'attends-tu de moi qui a peur de te voir ?
Peur de la vérité que je redouterai tant !

Mais la vie m'as-tu dit est belle
Si je sais la regarder et la comprendre.
La vie m'as-tu dit est une étincelle
Comme un cœur libre et bon à prendre.

Mais l'amour, m'as-tu expliqué,
Ne devrait être qu'un don de soi.
L'amour, m'as-tu expliqué, est vérité,
Qu'il faut proclamer avec sa foi.

Mais dis-moi, pourquoi moi ?
Tu sais que j'ai un esprit très compliqué.
Dis-moi pourquoi as-tu fait ce choix ?
En vérité, tu ne veux pas me l'expliquer.

Mais mon âme pleure toi la mystérieuse,
Car le doute crée en moi des anxiétés.
Mon âme pleure car elle est malheureuse,
N'arrivant pas à bien exprimer ses vérités.

16 décembre 2005

Tant que les hommes massacreront les Bêtes, ils s'entre-tueront.

Pythagore

C'est le cœur et non le corps qui rend l'union inaltérable.

Publius Syrus

Les maux qui dévorent les hommes sont le fruit de leurs choix ; et ces malheureux cherchent loin d'eux les biens dont ils portent la source.

Pythagore

Une femme mystérieuse

Une femme mystérieuse qui m'interpelle,
Réveillant en moi des souvenirs rebelles,
Enfouis dans ma mémoire qui me rappelle,
L'amour dans mon cœur que j'ai pour elle.

D'elle si belle que mon coeur n'osa lui dire,
D'avec elle désirant construire notre avenir,
Dans ce monde où le destin nous a fait venir.

Oui, fée du soir, sur toi je repose mon espoir,
Retrouvant en toi comme le reflet du miroir,
Fidèle à l'image d'elle fixée par ma mémoire,
Hantant parfois mes rêves dans la nuit noire.

D'elle tes lèvres ont le même goût que ce miel,
De baisers qu'elle a déposé dans mon sommeil,
Pour que d'elle ma mémoire reste bien en éveil.

Oui, fée de l'aube, se sauvant à la clarté du jour,
Visitant jusqu'au jour mes nuits d'un parcours,
Débattant d'avec toi dans des joutes d'amour,
Et le réveil dans la réalité me ramène toujours.

D'elle tes seins les mêmes que je connais bien,
Pour les avoir dans mes rêves dans mes mains,
Comme un enfant avec jouant jusqu'au matin.

Oui, fée aux seins gracieux que tu me donnais,
Pour calmer en moi de la journée mes anxiétés,
Avec plaisir comme un enfant me laissant téter,
Tes seins gonfler du désir de bien me combler.

D'elle tes yeux ont sur moi les mêmes effets,
De m'attirer mais en moi les peurs remonter,
Peur de n'être pas à la hauteur de te combler.

Oui, fée aux yeux envoûtants tu m'attires pourtant,
Comprenant que cette peur je dois, la surmontant,
Arriver enfin à ouvrir mon cœur pour le libérant,
Te donner ce que tu attends depuis si longtemps.

11 décembre 2005

Ne commence rien dont tu puisses te repentir dans la suite. Garde-toi d'entreprendre ce que tu ne sais pas faire, et commence par t'instruire de ce que tu dois savoir. C'est ainsi que tu mèneras une vie délicieuse.

Pythagore

Je suis né pour partager l'amour et non la haine.

Sophocle

Un mari trop ardent trompe déjà sa femme.

Publius Syrus

L'Amour vrai

L'amour vrai c'est se sacrifier pour l'être aimé,
ne pas l'utiliser pour ses désirs dépravés.

L'amour vrai je ne sais pas vraiment ce que c'est,
n'ayant pas cette chance de l'approcher de près.

L'amour vrai pourtant doit bien exister,
tant de monde prononçant ces mots par excès.

L'amour vrai ne doit pas être intéressé,
tout comme l'amitié pour ne pas le fausser.

L'amour vrai existe bien maintenant je le sais,
Une fée m'a dit dernièrement qu'elle m'était destinée.

L'amour vrai m'a-t-elle dit je t'y ferais goûter,
si ta patience tu sais assurément maîtriser.

L'amour vrai depuis j'y crois avec fermeté,
en moi il prend la place de ma méchanceté.

L'amour vrai a ceci de particulier,
de vouloir autour de soi se propager.

L'amour vrai de tout temps a été enseigné,
mais les désirs humains ont su le surpasser.

L'amour vrai attend l'être de bonne volonté,
qui saura à son entourage l'expliquer.

L'amour vrai pourra alors bien se propager,
et gonfler les cœurs trop souvent desséchés.

L'amour vrai fait mourir l'homme dépravé,
pour le ressusciter rayonnant et purifié.

L'amour vrai en chacun de nous est à portée,
si seulement chacun a le courage de s'y arrêter.

L'amour vrai m'a beaucoup fait évoluer,
et au final j'y trouverai ma félicité.

31 mars 2005

De l'esprit proviennent toutes choses.
Tout naît de l'esprit, est formé par l'esprit.
Si quelqu'un parle avec un bon esprit, agit avec un bon esprit, le bonheur le suit aussi sûrement que son ombre inséparable.

Sagesse chinoise

Ce n'est pas par la satisfaction du désir que s'obtient la liberté mais par la destruction du désir.

Épictète

La mère tient plus à ses petits que le père. Elle sait qu'ils sont d'elle, le père le présume.

Euripide

Poème à ma mie...

J'ai envie de te dire je t'aime,
J'ai envie que tu sois de même.
J'ai envie dans mes bras te serrer,
J'ai envie près de toi me reposer.

Je veux retirer la peine de ton coeur,
Je veux que tu n'aies plus de rancoeur.
Je veux que tu puisses enfin respirer,
Je veux que tu puisses sur moi compter.

Que ton coeur guide en toi l'inspiration,
Que ton coeur reste libre de toute passion.
Que ton coeur soit une source d'amour,
Que ton coeur soit toujours sans détour.

Oui, ose réaliser ce que tu espères,
Oui, ose casser ces chaînes éphémères.
Oui, ose accepter l'amour qui t'est donné,
Oui, ose affronter l'expérience de la vérité.

Comment faire pour te dire je t'aime,
Comment faire pour que tu me comprennes.
Comment faire pour que monte en moi ce désir,
Comment faire pour ne pas en faire un délire.

Sache boire à la vraie source de la vie,
Sache être consciente de tes envies.
Sache aimer de cet amour vrai,
Sache aussi rester comme tu es.

13 juin 2004

Jamais la haine ne cesse par la haine, c'est la bienveillance qui réconcilie : telle est la loi immuable

                                          Sagesse chinoise

Ne sais-tu pas que la source de toutes les misères de l'homme, ce n'est pas la mort, mais la crainte de la mort ?

                                                            Epictète

On m'a montré le paradis et j'ai vu que la majorité de ses habitants étaient des femmes.

                                                              Mahomet

Amie

Où es-tu amie ? Sans toi je m'ennuie.
Ne me laisse pas, j'ai besoin de toi.

Que fais tu ma mie ? Avec toi je souris.
Tu sais tu es belle comme une reine.

Tu aimes la vie, avec toi moi aussi,
Souvent comme elle vient tu la prends.

Tu me dis : prends la tel un don béni,
Comme une école et non pas une idole.

Tu sais la vie se respire mon ami,
Comme un parfum subtil de jasmin.

Ne doute pas mon frère sur cette route,
Je te tiens pour te guider par la main.

En la vie, aies confiance sans parti pris,
Et dans l'endurance supporte la souffrance.

En toi l'esprit fait son œuvre et agit,
L'initiation se faisant par la purification.

Dans ton cœur ne garde pas la rancœur,
Pour éviter de le fatiguer par excès.

Et n'oublie pas l'acquis que Dieu te fit,
Et l'amour en toi, diffuse-le à ton tour.

Sois épris en tout temps du don de la vie,
Même si demain on te regarde avec dédain.

4 décembre 2005

Repose-toi d'avoir bien fait et laisse les autres dire de toi ce qu'ils veulent.

Pythagore

La douleur de l'âme pèse plus que la souffrance du corps.

Publius Syrus

Les deux mots les plus brefs et les plus anciens, oui et non, sont ceux qui exigent le plus de réflexion.

Pythagore

Rencontre

Un jour croisant par inadvertance
Sur ma route une âme en errance,
Perturbée qu'elle était par l'ignorance
D'un entourage sans connaissance.

Cette âme belle venue sur terre
Sensible mais pleine de caractère,
De l'amour vrai faisait le contraire
Pouvant être égarée sa vie entière.

Son cœur semble dur pour les ignorants
Mais un œil avisé très vite le comprend,
Cherchant pour trouver la tendresse au-dedans
Afin de dompter ce brasier flamboyant.

Que cette belle et impétueuse personne
Qui est en pleine force de la vie en somme,
Reste prudente aux contacts des hommes
Pour préserver ce que l'esprit lui donne.

Qu'elle sache rester simple comme elle est
Le don de l'esprit dans ce genre d'hôte se plaît,
Pour pouvoir accomplir si besoin en est
Une mission sur terre si cruellement blessée.

Car le propre de l'homme devrait être ce but
Venir ici bas pour aplanir cette terre abrupte,
Mais souvent de cette mission est-il déchu
Préférant jouir d'un amour partiellement dépourvu.

Mais toi belle femme, n'oublie pas ceci :
L'illusion de l'amour souvent en sort-on aigri,
Affaiblissant par là même le pouvoir de l'esprit
Spolié qu'il est de ces amours pervertis.

Le pouvoir de l'esprit a ceci de particulier
De donner à l'hôte de ce dernier,
Une impression dérangeante pour la société
Préférant rester dans sa confortable cécité.

Si quelqu'un poursuit les plaisirs des sens, intoxiqué, aveuglé par eux, immodéré dans sa nourriture, paresseux, lâche, inactif, la mort l'emporte comme l'ouragan emporte un faible arbrisseau.

Sagesse chinoise

Si les Dieux voulaient exaucer les voeux des mortels, il y a longtemps que la terre serait déserte car les hommes demandent beaucoup de choses nuisibles au genre humain.

Epicure

La verge et le cœur sont des organes qui remuent.

Aristote

Laisse l'ingratitude des hommes pour ce qu'elle est
Poursuis ton chemin qui mène à la vérité,
Ne succombe pas à l'apparence du bonheur
La vie sur terre, tu le sais, est un leurre.

Même si ton amour propre est mis à l'épreuve
Sache faire de ces déboires peau neuve,
Pour arriver à donner encore plus d'amour
Sans jamais rien attendre en retour.

Car l'aveuglement des êtres est tel
Qu'ils ignorent que l'amour est immortel,
Préférant succomber bien souvent à l'attrait
D'un leurre qu'est ce semblant d'amour imparfait.

Puisses-tu mon amie un jour arriver à comprendre
Que ton cœur est si ardent qu'on ne peut le prendre,
Sans être sur terre arrivé à un degré de compréhension
De cet amour pur et vrai qui se diffuse sans passion.

La tristesse de ton cœur reflète la vie
Que les hommes sur terre se délectent avec envie,
Sache prendre sur toi ce malheur
Pour purifier tant faire se peut leur bonheur.

Si tu arrives par la persévérance
À sauver une âme dans l'errance,
Tu apporteras à l'humanité une espérance
Qui lui fera chercher à nouveau la tempérance.

Comme le dit si justement l'adage
De chercher la vérité est le propre du sage,
De montrer ce que veut dire Aimer à son entourage
Le rendra respectueux de l'imperfection de son image.

Quant au fond d'eux se fera cette interrogation
Telle la zizanie mettant en branle la confusion,
L'amour à son tour prendra justement possession
De ces âmes généreuses souvent en perdition.

28 septembre 2003

Si quelqu'un voit partout la souffrance et la misère et constamment maîtrise ses sens, sobre dans sa nourriture, inébranlable, vertueux, la mort contre lui est impuissante, comme l'ouragan contre un roc.

Sagesse chinoise

A propos de chaque désir, il faut se poser cette question : quel avantage en résultera-t-il si je ne le satisfais pas ?

Epicure

Habitue-toi à être attentif à ce qu'un autre dit et, autant que possible, entre dans l'âme de celui qui parle.

Marc Aurèle

Lassitude

Que dois-je entendre, que dois-je comprendre,
La vie décidément n'arrête pas de me surprendre.
Que dois-je faire, que dois-je entreprendre,
La compréhension en moi se fait attendre.

Quand je me crois enfin au bout de la route,
Invariablement la destinée me met dans le doute,
Et dans mon coeur la certitude en déroute.

Je voudrais m'arrêter, je voudrais me reposer,
La destinée décidément ne veut me l'accorder.
Je voudrais m'évader, je voudrais rêver,
Sur une épaule qui pourrait me réconforter.

La rébellion en mon cœur se fait ressentir,
Car au moment où il se décide à s'ouvrir,
La zizanie empêche l'amour de s'épanouir.

Pourquoi ces peines, pourquoi ces punitions,
Le monde est vraiment fait d'illusions.
Pourquoi prier, pourquoi vouloir aider,
Puisque invariablement je suis rejeté.

Mon coeur est triste de toutes ces confusions,
Mon âme tourne en rond comme dans une prison,
Mon Dieu, aide-moi à quitter cette situation.

La vie pourrait être belle, la vie pourrait être reine,
Mais l'humain se complaît dans ses illusions vaines.
La vie est étonnante, la vie est surprenante,
Mais que faut-il faire pour la rendre rayonnante.

L'âme est immortelle ; elle n'est pas à toi mais elle appartient à la providence.

Quand le corps se flétrit, tel un coursier rapide libéré de ses liens, elle se lance aisément et monte se mêler à l'air pur et léger, s'évadant de sa rude et triste servitude.

Le bien que le sort doit te réserver, tu le connaîtras quand tu ne seras plus.

Pourquoi dès lors chercher à le savoir, tant que tu comptes au nombre des vivants ?

La patience est la mère de l'invincible espérance, elle affermit les âmes, elle les conduit au port de la tranquillité et leur donne la force de supporter sans faiblir les pires adversités.

Je suis riche de toutes les richesses d'un homme qui n'a besoin de rien...

Donnez un poisson à quelqu'un et il aura un jour à manger. Apprenez-lui plutôt l'art de pêcher et il n'aura plus jamais faim.

Sagesse chinoise

L'amour divin reste mon seul réconfort,
Mais alors pourquoi rester dans un tel inconfort,
D'une vie illusoire qui me traîne vers la mort.

J'ai envie de partir, j'ai envie de mourir,
Pour oublier tout ce qui me fait souffrir.
J'ai envie de crier, j'ai envie de pleurer,
Tellement mon coeur se fermant est blessé.

La vie sur terre n'est qu'une vaste illusion,
Les espoirs se transformant en déceptions,
La bonté étant transformée en dérision.
21 septembre 2003

Tout comme dans une maison bien couverte, la pluie ne peut s'infiltrer, ainsi, dans un esprit bien gardé, la convoitise ne peut pénétrer.

Difficile à maîtriser, l'esprit léger, instable, est toujours en quête de jouissance. Il est bon de dompter l'esprit impétueux ; dompté, il assure le bonheur.

Sagesse chinoise

La mort n'est peut-être qu'un changement de place.

Marc Aurèle

La crainte de Dieu

Je crois avec ce quatrain
de vous déranger un brin,
car avec beaucoup d'entrain,
j'explique ce que je crains.

Suis-je craintif d'avoir peur
ou ai-je peur de l'erreur ?
Si oui, pour moi quel malheur,
ayant le doute en horreur.

De craindre avec mesure,
sans excès ni parure,
est bien pour une vie pure,
permettant des idées sûres.

Car la crainte est ma foi,
une bonne chose en soi.
Elle sait tempérer parfois,
les envies au fond de moi.

La crainte force au respect,
ce qui est bien en aspect,
pour tempérer les méfaits,
dus souvent à trop d'excès.

En éveil mettant ton âme,
souvent évitant le drame,
la crainte est une arme,
tranchante comme une lame.

Point de raison futile,
la crainte est fertile,
et l'excuse inutile,
avec une peur débile.

Comme la crainte de Dieu,
c'est ignorer tout des cieux,
avec un désir très pieux,
d'avoir l'envie de ces lieux.

13 juin 1996

L'esprit si difficile à saisir, si profondément caché, l'esclave volontaire de chaque désir, maîtrise-le, ô sage, car, bien maîtrisé, il assure le bonheur.

Ce que père, mère, parents et amis peuvent donner comme bonheur n'est rien comparé au bonheur procuré par l'esprit de celui adonné au bien.

Sagesse chinoise

L'amour est très riche en miel comme en fiel.

Plaute

La patience

La patience est une science,
pouvant apporter avec aisance,
un comportement de prestance.

Cependant, si par inadvertance,
tu venais à goûter l'impatience,
bien vite sache faire pénitence.

Evitant de tomber dans l'errance,
la vie demandant de la contenance,
pour pouvoir te faire confiance.

Sachant rejeter toute méfiance
quand ton cœur demande patience,
pour qu'en toi règne le silence.

Sentant que partout la violence,
autour de toi n'est que souffrance,
contiens cependant ta patience.

Violente sera alors l'espérance,
donnant à ta vie une transparence,
au travers de cette existence.

Te faisant agir avec prudence,
dans ce monde de turbulence,
au travers de la clairvoyance.

Espérant alors de la providence,
rien pour elle n'étant innocence,
sachant donner en abondance.

Laissant nulle place à l'ignorance,
tel un gage pour la connaissance,
initiant ton âme à la sapience.

Faisant ici l'éloge d'une évidence,
t'en souhaite bonne récompense,
tel est ce don qu'est la patience...

9 juin 1996

Délivré des passions consumantes, libéré de tout désir, la volonté sans entrave, l'esprit détaché, ainsi est le sage : en lui tout feu est éteint.

L'homme qui n'a rien appris, qui n'a rien compris, vieillit comme un bœuf hébété ; son ventre augmente de plus en plus, mais non sa sagesse.

Sagesse chinoise

Une vie de bonheur, n'est-ce pas la chose que tout le monde veut et que personne au monde ne refuse ? Mais où l'a-t-on connue pour la vouloir tant ? Où l'a-t-on vue pour en être si épris ?

Saint Augustin

La sagesse

La sagesse en maîtresse,
avec constance te dresse.

La sagesse avec délicatesse,
t'instruit sans faiblesse.

La sagesse fuyant la paresse,
avec persévérance te presse.

La sagesse qui est adresse,
fait de toi une forteresse.

La sagesse qui est altesse,
pour toi accomplit des prouesses.

La sagesse qui est tendresse,
avec douceur te caresse.

La sagesse dans la détresse,
te fait oublier la tristesse.

La sagesse assurément cesse,
si la vérité tu délaisses.

La sagesse comme une tigresse,
défend toujours la gentillesse.

La sagesse avec ses largesses,
fait que la misère régresse.

La sagesse pareille à l'ivresse,
te met parfois dans l'allégresse.

La sagesse en belle princesse,
est l'amie de qui progresse...

10 juin 1996

Celui qui se maîtrise lui-même selon les conseils qu'il donne aux autres peut aussi guider autrui ; car c'est une dure tâche de se maîtriser soi-même.

Soi-même on est son propre maître. Quel autre pourrait l'être ? Par la maîtrise de soi on achève une dure tâche et l'on se donne un maître incomparable.

Sagesse chinoise

La foi, la liberté et l'amitié sont les principaux biens de l'âme de l'homme.

Tacite

L'intelligence

L'homme, pauvre homme qu'il est,
En esclave il se complaît ;
L'homme, pauvre homme qui pense,
Qu'il suffit d'avoir l'intelligence.

L'homme, pauvre homme qui croît,
Totalement égaré de surcroît ;
L'homme, pauvre homme désemparé,
Fermant les yeux à la réalité.

L'homme, pauvre homme s'il savait,
Complètement effaré il serait ;
L'homme, pauvre homme intelligent,
Pourquoi te croire si différent.

L'homme, pauvre homme sans lendemain,
Se comporte dans la vie avec dédain ;
L'homme, pauvre homme si tu te vois,
Avec empressement te corrigeras.

L'homme, pauvre homme aimant la vie,
Avec acharnement tu la détruis ;
l'homme, pauvre homme si sûr de toi,
Pourquoi alors tant de désarroi.

L'homme, pauvre homme de science,
A quoi te sert ton intelligence ;
L'homme, pauvre homme sans culture,
Avec ta science dominant la nature.

L'homme, pauvre homme fais attention,
La vie a sur toi de justes prétentions ;
L'homme, pauvre homme tu paieras le prix,
Qu'à juste titre tu dois à la vie.

Sois toujours vigilant, persévère dans tes efforts, n'abandonne pas le noble sentier, suis-le constamment et tu seras heureux ici et au-delà.

Ne te lie pas à ce que tu aimes, ne te lie pas à ce que tu n'aimes pas, car être séparé de ce que l'on aime est souffrance, tout comme être lié à ce que l'on n'aime pas

Sagesse chinoise

Des lèvres de la femme tombent de sages avis.

Euripide

L'homme, pauvre homme écoute un peu,
L'intelligence fait ce qu'elle veut ;
L'homme, pauvre homme n'oublie pas,
La vie en toi ne t'appartient pas.

L'homme, pauvre homme avec ta puissance,
Tu abrutis de plus en plus ta conscience ;
L'homme, pauvre homme avec fausseté,
Tu dis oeuvrer pour l'humanité.

L'homme, pauvre homme tu verras bien,
À quel point tu ne sais quasiment rien ;
L'homme, pauvre homme oubliant sa vie,
Mets la sagesse au nombre de tes amis.

L'homme, pauvre homme tu as une âme,
Fais-la se comporter en grande dame ;
L'homme, pauvre homme essaie de l'aider,
Pour devenir un homme entier.

L'homme, pauvre homme encore une fois,
Surmonte en toi les fausses joies ;
L'homme, pauvre homme que je suis,
Quelle part reste-t-il à la vraie vie ?

11 juin 1996

Allume-toi, sois ton propre flambeau, réveille-toi, goûte la joie de la sagesse et, purifié de toute souillure, tu t'échapperas dans le domaine des Parfaits.

Aucun feu ne brûle comme les passions, aucune entrave ne lie comme la haine, aucun filet ne capte comme l'illusion, aucun torrent n'entraîne comme la soif.

Sagesse chinoise

La vie est un passage, le monde est une salle de spectacle. On entre, on regarde, on sort.

Démocrite

La vie

La vie serait belle sur terre,
Si les hommes écoutaient sa chanson,
Que rythme le cours des saisons,
Sans le brouhaha des conflits et des guerres.

La vie sur terre serait très belle,
Si ses habitants savaient goûter,
Avec sagesse ce nectar velouté,
Qu'est l'entente d'un amour réel.

La vie sur terre est une école,
Pour qui sait avec patience,
Apprendre sagement sans réticence,
Ce passage qui n'est qu'un survol.

La vie sur terre est passagère,
Un lendemain souvent incertain.
Malgré tout, sachez rester serein
Car elle continue dans d'autres sphères.

8 septembre 2000

On découvre aisément les fautes d'autrui mais difficiles à percevoir sont nos propres défauts. On se plaît à découvrir les fautes d'autrui mais on cache soigneusement ses propres défauts comme le tricheur cache son jeu.

Avoir des cheveux gris ne rend pas vénérable. N'être vieux que d'années, c'est avoir vieilli en vain.

Sagesse chinoise

La tranquillité de l'âme provient de la modération dans le plaisir.

Démocrite

Recherche

N'oublie pas de rechercher le bien
Avec courage et beaucoup d'entrain.
Toujours dans cette école de la vie
Arrive à surmonter tes envies.
Cherche avec patience la sagesse,
Honore ta vie avec justesse.
Arrive à aimer sans contrepartie,
Quoique fassent tes semblables en vilenies.
Utilise la droiture de ton cœur,
Immense pouvoir faisant fuir la peur,
Qui bien souvent te fait trébucher,
Un jour ou l'autre sans nul préjugé,
Et arrive à te nuire inutilement.
Malheureuse dois-tu être en ce moment ?
Et bien non, ne te décourage pas,
Livre au fond de toi ce combat,
L'amour vrai en sortira vainqueur,
Et pourra t'inonder de bonheur...

26 septembre 2000

Mais celui qui possède la vérité, la droiture, la bonté, l'abnégation, la patience, la pureté, la constance, celui-là mérite d'être appelé vénérable.

Tant que l'on n'a pas entièrement coupé le taillis des passions de l'homme pour la femme, on reste lié, comme est lié le veau qui tète encore.

Sagesse chinoise

L'ami est pour son ami un bouclier.

Abu Shakour

L'amitié

Nourris en toi la foi,
Ordonne ton cœur parfois.
Initie en toi la science,
Trouve le chemin de la connaissance.
Cet adage n'est pas faux,
Esprit sage il te faut.
Libre mais bridé par la vie,
Il est pour toi un ami.
Donne l'amour qui est en toi,
Instruis l'ami dans le désarroi.
Ou tout simplement sois vraie,
Même si cela t'effraie.
Réveille en toi la patience,
Un don ma foi de prestance.
Oublie les rancœurs passées,
Pour sans peur pouvoir t'élever.
Savoir comprendre autrui,
Et l'aider tant soit peu aussi.
Trouver en toi la justice,
En évitant toute malice.
Suite logique de la vie,
Une œuvre en toi s'accomplit.
Œuvre je l'espère pour toi,
Vraie, belle, apportant la joie.
Et le doute en toi sera banni,
La liberté étant un don, mon amie.
Liberté que j'ai de t'apprécier, Éveille,
Ô damoiselle, cette faculté.
Belle dame bientôt devenue,
Amie, oui, sagesse bienvenue.
Sagesse bien partagée,
Inimitable sera la vérité…

8 juin 1996

Le dehors est comme le dedans des choses ; le petit est comme le grand ; il n'y a qu'une seule loi et celui qui travaille est un. Rien n'est petit, rien n'est grand dans l'économie divine.

Les hommes sont des Dieux mortels ; les Dieux sont des hommes immortels.

L'âme est une lumière voilée. Quand on la néglige, elle s'obscurcit et s'éteint, mais quand on y verse l'huile sainte de l'amour, elle s'allume comme une lampe immortelle.

Sagesse Egyptienne

Le charme

Souhait sincère je te fais chère amie,
Avec cette année supplémentaire dans ta vie.
N'oublie pas avec les ans d'acquérir la sagesse,
Don qui sera en harmonie avec ta gentillesse.
Respire la vie qui j'en suis sûr te sera bénéfique,
Ignorant la susceptibilité d'un monde de polémique.
N'oublie pas que la simplicité qui t'habite est précieuse,
En cette époque de complications pernicieuses.
Puisses-tu rester la belle femme que l'on connaît,
Irradiant autour d'elle le charme et la beauté.
Gourmande d'une vie prospère je te souhaite,
Organisant ton existence pour qu'elle reste une fête.
Utilise ton existence pour garder une vie sincère,
Cherchant au fond de ton cœur le bien à parfaire.
Heureuse seras-tu à garder cette attitude,
En ces jours pleins d'incertitudes.
Triple bans pour toi amie très chère.

2002

Voici la vérité sainte sur la douleur ; la naissance est douleur, la vieillesse est douleur, la maladie est douleur, la séparation d'avec ce qu'on aime est douleur, ne pas obtenir son désir est douleur, en résumé, les cinq sortes d'objets de l'attachement sont douleur.

Voici la vérité sainte sur l'origine de la douleur : c'est la soif de l'existence qui conduit de renaissance en renaissance, accompagné de plaisir et de convoitise qui trouve ça et là à s'assouvir : soif de plaisir, soif d'existence, soif d'impermanence.

Voici la vérité sainte sur la suppression de la douleur : l'extinction de cette soif par l'anéantissement complet du désir, en bannissant le désir, en y renonçant, en s'en délivrant, en ne lui laissant pas de place.

Voici la vérité sainte sur le chemin qui mène à la suppression de la douleur : c'est ce chemin sacré à huit branches qui s'appelle : foi pure, volonté pure, langage pur, action pure, moyens d'existence purs, application pure, mémoire pure, méditation pure ...

Extrait du sermon de Bénarès (Bouddha)

Espoir et paix

Cette colombe je la dédie à toi,
La paix qui va avec il va de soi
Oubliant je veux mes turpitudes,
Troublant souvent mon attitude.
Il serait plus simple pour moi,
Libéré de ces envies parfois.
D'être en harmonie avec la vie,
Et surtout avec toi ma mie...

14 août 2002

Il y a trois principes de l'homme parfait :

Le corps, l'âme et l'esprit.

L'un qui sauve et qui forme, c'est l'esprit.

L'autre qui est uni et formé, c'est le corps.

Puis un intermédiaire entre les deux, c'est l'âme.

Celle-ci parfois suit l'esprit et elle est élevée par lui.

Parfois aussi, elle descend vers le corps et s'abaisse aux convoitises terrestres...

Sagesse chinoise

A l'écoute d'un Ange (I)

Dans ma tête une constellation d'étoiles a explosé
Quand m'embrasser avec grâce m'a demandé une fée.
A cet instant s'est arrêté de cette demande très osée
Mon cœur blessé du départ de mon amie bien aimée.

Ce baiser surprenant, subtil, gracieusement demandé
Arrêtant un instant le temps m'ayant plus que perturbé.
Me ramenant dans ma jeunesse où je ne savais pas oser
Dire ou acter mes sentiments à la femme que j'aimais.

Ai-je rêvé de ce joli baiser qu'une fée m'a demandé ?
Baiser que mon premier amour avait tant recherché.
N'ayant jamais par peur osé demander ou le voler
À cette femme qui m'interpellait au-delà de sa beauté.

Pourtant de ce baiser velouté ma tête n'a pas tourné
Calmant mon cœur trouvant enfin ce qu'il cherchait.
Je savais que de là-haut mon amie me surprendrait
En fin de vie m'ayant visité, m'avertissant de ce fait.

Ce qu'ensemble m'a-t-elle dit nous n'avions pas osé,
Une fée que tu connais viendra un jour te le proposer.
Ose avec elle ce qu'avec moi par peur tu n'as pas fait,
Tu rétabliras ta destinée et moi un repos bien mérité.

La raison humaine doute de l'âme et de sa destinée
Toi-même mon ami de mes sentiments trop tu as douté
Pour toute ta vie en être perturbé et parfois t'égarer
Même si avec courage tu as su faire face à l'adversité.

Pourtant le doute que tu as eu du destin t'a été pardonné
T'offrant une bonne et douce compagne digne de ta destinée,
Comme pour moi un mari attentionné pour de toi me consoler
De l'abandon brutal torturant mon cœur qui t'était destiné.

Tu n'en as pas tenu compte et tu as continué à chercher
Un bonheur qui pourrait apaiser ton âme restée esseulée,
Risquant de damner celle-ci et d'oubli me perdre à jamais
Dans ces mouvances cycliques des vies qui sont d'éternité...
19 novembre 2005

Sous un bon gouvernement, la pauvreté est une honte ; sous un mauvais gouvernement, la richesse est aussi une honte.
Agis avec gentillesse mais n'attends pas de reconnaissance.

Confucius

La porte du bonheur est la possession d'un trésor, la voie qui mène au trésor est la peine qu'on y trouve.

Abu Shakour

A l'écoute d'un Ange (II)

Ton impatience m'a fait souffrir et ma vie fut bien écourtée
Ne regrettant rien car tu m'as fait malgré tout évoluer
Par ta connaissance tu m'as beaucoup enseigné et rassuré
Retirant en moi cette peur de la mort si souvent réprouvée.

Tu m'as laissée partir à ma demande que tu n'as pas rejetée
Sachant que longtemps mon départ te ferait souvent pleurer.
Pleure mon ami, oui pleure cela te met sur la voie de la vérité
C'est ma façon pour te visiter connaissant bien ta sensibilité.

Ce n'est pas de la tristesse, ni du chagrin pour toi, tu le sais,
Mais un moyen pour l'âme dans le corps de bien se purifier.
Etat nécessaire pour continuer l'œuvre que tu as commencée
Par une fée que depuis longtemps j'ai obtenue à ta destinée.

Dans mon état mortel, inconsciente de cette démarche j'étais,
Pourtant à plusieurs reprises, de ce fait, je t'en avais parlé.
Cela sortant de notre compréhension à nous deux il est vrai,
Maintenant la connaissance j'ai, de par ma liberté, retrouvée.

Elle sera celle qui te mènera auprès de moi dans les nuées
Sans à cause de toi mettre en péril d'autres âmes éprouvées.
Comme la prunelle de tes yeux prend soin de cette envoyée
Pour que ma prière quand tu m'as abandonnée soit exaucée.

J'ai obtenu, mon ami, qu'une vraie fée soit pour toi envoyée,
Depuis longtemps, il a été permis à tes yeux de la contempler.
Mais de t'égarer dans tes voix cela ne t'a nullement empêché,
Sans comprendre que c'est elle qui dans ta tête te parlait.

Préférant de nouveau par doute chercher quoi je ne sais
Profitant bien souvent de jouir de cette vie plutôt par excès.
Oui je te fais des reproches mon ami mais je dois t'éclairer
Afin que tu puisses de ton destin tracé ne plus t' écarter.

Pour cela la rencontre avec cette fée j'ai précipité
Avant que tu prennes encore d'autres chemins détournés
Alimentant tes espoirs pour découvrir la paix recherchée
Te faisant oublier le comportement d'un homme insensé...

23 novembre 2005

Négligez et vous perdrez. Cherchez et vous trouverez.
Mais chercher ne conduit à trouver que si nous cherchons ce qui est en nous.

Confucius

Le mal vient de ce que l'homme se trompe au sujet du bien.

Socrate

Il n'existe que cinq choses contre lesquelles il faut se battre : les maladies et les passions du corps, l'ignorance, les guerres civiles et les disputes de famille.

Pythagore

A l'écoute d'un Ange (III)

Je sais, en ce moment, que tu souffres de tes erreurs passées,
Mais cela t'ouvrira les yeux sur ton égarement passager.
Ta bonne volonté restera vaine si tu n'arrives à remédier
À la grande cécité de ta raison face à la vie et ses réalités.

Car tout comme avec moi, tu savais combien je t'aimais,
La fuite par peur d'avouer tes purs sentiments as-tu préféré.
Depuis longtemps, tu sais que vers toi elle est très attirée,
Mais ton cœur endurci par peur reste hermétiquement fermé.

Maintenant tu n'as plus d'excuse à poursuivre ta destinée,
Ayant osé te demander ce que je n'ai pas su bien exprimer.
Agis bien pour lui permettre de réparer ce que tu as cassé,
Ce rouage si subtil que le destin avait parfaitement minuté.

Si tu ne réponds pas à celle que je t'ai par amour envoyée,
Les souffrances et privations que jusque là tu t'es imposé
Ainsi que toutes recherches dans ce monde très dégénéré,
A rien cela ne t'aura servi si ce n'est qu'à recommencer.

Tu quitteras la terre dans l'ignorance et la peur redoutée,
Une errance perpétuelle dans l'échelle du temps d'éternité
T'emmenant par déraison au gré de tes souhaits contrefaits,
Pour me laisser orpheline de toi, âme sœur tellement désirée.

Avec mes yeux qui ne sont plus charnels mais bien réalité
Je vois encore sur terre une âme fuyant la peur de la vérité,
Ame qui pourtant du premier regard avait su si bien adopter
À mon égard une belle attitude digne des preux chevaliers.

Avec force et amour les désirs très pieux de bien me protéger
Reconnaissant bien en moi cette petite fille aux origines innées.
Enfante dont l'âme dans ce monde mortel était très effrayée,
Me faisant espérer que de toi plus jamais je ne serais isolée.

Oui mon ami, oui je sais les souffrances par toi endurées,
Une enfance malheureuse et incomprise pour toi a été,
Créant une carapace d'homme fort confiant et bien posé,
Laissant à la porte de ton cœur celles essayant de le percer...

27 novembre 2005

Avoir assez d'empire sur soi-même pour juger des autres par comparaison avec nous et agir envers eux comme nous voudrions que l'on agît envers nous-même, c'est ce qu'on peut appeler la doctrine de l'humanité ; il n'y a rien au-delà.

Confucius

Nos jeunes aiment le luxe, ont de mauvaises manières, se moquent de l'autorité et n'ont aucun respect pour l'âge.
A notre époque, les enfants sont des tyrans.

Socrate

A l'écoute d'un Ange (IV)

Mais connaissant la tendresse de ce cœur meurtri et à moi destiné,
Toujours me baigner dedans a été mon souhait recherché.
Mais toi en grandissant ce cœur de plus en plus tu en as fermé l'accès,
Me paralysant et faisant me comporter pour te provoquer sans succès.

Cette attitude t'a en réalité de moi plus éloigné maintenant je le sais.
En ce moment, tu pleures mon ami comme aussi j'ai beaucoup pleuré,
Car tu te retrouves dans ma situation de jeunesse face à une vraie fée
Qui te fera souffrir de la même souffrance que tu m'as imposée.

Ne prends pas cela comme une vengeance de ma part, mon bien aimé,
Mais pour t'aider à effacer une erreur dans le parcours de ta destinée.
Cette fée est une âme sacrée qui est plus évoluée que nous dans la nuée,
Respecte et protège-la bien car elle est plus fragile dans son état délégué.

Tu n'as plus l'excuse de la jeunesse mais une connaissance aisée
Que tu as maintenant pour faire sans aveuglement ce que tu sais,
Afin que je puisse de cette course folle de la vie enfin me reposer
Et jouir de ta présence pour ensemble comme un astre rayonner.

Comporte-toi avec elle comme avec moi petite, tu l'as si bien fait,
Sans faire l'erreur par peur de la femme que dans ta jeunesse j'étais.
Affronte ce que d'elle tu vas ressentir en laissant ton cœur se libérer
Pour réussir ton passage sur terre et laisser un vrai message de paix.

Les liens du sang sont importants pour l'humanité c'est vrai,
Mais assurément pas les mêmes liens pour les âmes cela n'est.
Chaque âme a la capacité de retrouver son âme sœur incarnée
Malheureusement les désirs humains font des unions dégénérées.

Toi mon ami, tu m'as reconnue avant d'être du désir prisonnier,
Cette puissance te possédant, ôtant ta pureté, la peur t'a gagné,
Cette peur pourtant t'a permis de ta mémoire de ne pas m'effacer
Et toujours, souvent par erreur, inlassablement me rechercher.

Ton comportement pour l'humain, gênant et incompris il pourrait.
Supporte avec courage ces dérangements et ne sois pas courroucé,
Laissant tes apparences pour ce qu'elles sont, fausses à dire vrai,
Pour laisser œuvrer dans ton cœur l'amour qui est ta nature vraie.

27 novembre 2005

Nous nous approchons de la vérité dans la mesure où nous nous éloignons de la vie.

Socrate

Lorsque l'on se cogne contre un pot et que cela sonne creux, ce n'est pas forcément le pot qui est vide.

Confucius

Aime ton père, s'il est juste, et s'il ne l'est pas, supporte-le.

Publius Syrus

A l'écoute d'un Ange (V)

Oui, la nature de l'âme tire son origine de l'amour vrai tu sais ;
C'est ce mouvement dans le corps qui souvent au cœur est associé,
Faisant croire à l'humain que ses sentiments sont là bien placés,
Ne percevant pas ce mouvement qui comme le cœur est en activité.

Ce mouvement qui n'est pas le battement du cœur que l'on connaît
Se produit pourtant dans le corps en entier y étant bien dissocié.
Le cœur se calque sur ce mouvement régulier battant dans la durée
Irriguant aussi l'ensemble du corps pour le garder en bonne santé.

Toi mon ami, ce mouvement subtil de l'âme en toi tu l'as trouvé,
Quand ton cœur et ta respiration consciemment tu as pu arrêter,
Ressentant bien ta peur mais moins grande que celle de me déclarer
Ton amour d'enfance perturbé par le désir de la femme que j'étais.

Tu as compris que dans cet état, l'âme pouvait bien s'activer
Et se libérer du corps pour dans toute sa puissance rayonner.
Mais toi mon âme chérie, tu n'as sur terre rien à démontrer
Si ce n'est que l'amour est le seul chemin vers la liberté.

Mais ne précipite pas ton départ de cet endroit où tu es basé
Forçant la destinée afin d'apaiser tes souffrances isolées
Reste bien en place et sois toujours fort face à l'adversité,
Des larmes de joie de mon âme s'écouleront je te le promets.

Le cœur de mon âme exultera de voir sur terre scintiller
Celui qui pourtant parjure a toujours eu sur moi un attrait.
Le reconnaissant comme le pilier de mon éternelle destinée
Arrivant par amour pour moi à surmonter ses peines cachées.

Comprends mon ami que sur terre les difficultés acérées
Ne sont pas à l'arrivant au gré distribuées mais dotées,
Selon ses propres besoins à sa demande pour bien avancer,
Oubliant une fois incarné ce sur quoi il s'était engagé.

Dans ton état incarné, de l'échelle du temps tu as oublié
Ce pourquoi ensemble sur terre d'y venir avions nous opté.
Tu savais avec ces souffrances ce que tu allais supporter
Mais pour moi ce risque avec toi j'ai pris par fraternité.

27 novembre 2005

Dans tous les cas, mariez-vous. Si vous tombez sur une bonne épouse, vous serez heureux; et si vous tombez sur une mauvaise, vous deviendrez philosophe, ce qui est excellent pour l'homme.

Socrate

La vie est un départ et la mort un retour.

Lao Tseu

Il faut de la force assurément pour tenir toujours la balance de la justice droite entre tant de gens qui font leurs efforts pour la faire pencher de leur côté.

Louis XIV

A l'écoute d'un Ange (VI)

Oui je t'assure mon ami de la vie pas tout tu ne connais,
Sur terre bien réelle mais grossière et éphémère elle est.
C'est pour nous faire prendre conscience de notre réalité
D'âmes éternelles ayant besoin pour évoluer de se purifier.

La raison humaine en contradiction avec ce qu'elle est,
Cherche à justifier sa présence dans cette vie effrénée,
Étouffant l'âme qui à sa source est une lumière innée,
Malheureuse dans son incapacité à produire ses effets.

Elle oublie son objectif sur cette terre quand elle y est,
Etouffée par la raison de ce corps qu'elle vient animer.
Elle si belle se ternit dans cette corruption indomptée,
Au point d'oublier sa vraie nature et sa raison d'exister.

N'oublie pas ce que je dis mon ami et reste bien éveillé.
Les désirs puisés de l'âme sont en fait habilement dévoyés,
Satisfaisant sur terre la raison qui en tyran s'est imposée.
Jouant une simulation d'amour pour de l'âme se justifier.

Tu te rebelles à écrire ce que je viens de t'expliquer,
Te préoccupant plus de ce que les gens vont en penser.
Mais ce n'est pas pour eux mais pour toi que je le fais
Alors écris pour éviter dans quelques temps de l'oublier.

L'amour de la raison humaine est fait de désirs dénaturés,
Toujours purs à son commencement mais trop vite galvaudés
Par la jouissance qu'elle occasionne dans la vie en réalité,
Retirant à l'âme les effets de l'origine de son désir premier.

Ce que je ne comprends pas de toi mon ami très désiré,
C'est que tu as acquis durement la perception de ce fait,
Mais très vite tu l'oublies pour revenir dans des excès
Oubliant que tu es moins excusable que celui qui ne sait.

De mon vivant parmi vous je ne ressentais de toi ce fait.
Maintenant mon coeur vibre de douleur quand il a détecté
La naissance en toi de ce désir pur de ton âme évoluée,
Finissant dans la recherche d'une jouissance insensée.

27 novembre 2005

Chacun, parce qu'il pense, est seul responsable de la sagesse ou de la folie de sa vie, c'est à dire de sa destinée.

Platon

La vertu, immuable, ne quitte pas l'homme avec la mort, elle retourne au nourrisson.

Lao Tseu

Le monde est un menteur : il nous promet des plaisirs et il ne donne que des peines.

Madame de Maintenon

A l'écoute d'un Ange (VII)

Comme pour une drogue tu te promets d'arrêter d'y toucher,
Après une dernière fois avec satisfaction bien consommée.
Tu sais que jamais, si tu ne te décides, tu ne pourras y arriver,
Comme pour me déclarer tes sentiments tu as toujours repoussé.

Toi qui as cette connaissance, tu dois par amour t'y conformer
Pour que tous les êtres qui t'aiment puissent en bénéficier,
Telle à une source vive l'envie de joie venir s'y abreuver
Pour alimenter en énergie leur âme en grande difficulté.

Oublie les désirs superflus de ton corps périssable qu'il est,
Laissant ceux purs de l'âme qui ne demandent qu'à s'exprimer,
Pour permettre à l'amour en toi de produire tous ses effets,
Pouvant te réjouir d'avoir réussi, là où je suis à me combler.

Mais tout cela mon ami si tu veux pour ta mie y arriver,
Affronter tu dois ce qui te perturbe depuis tant d'années,
Oser ouvrir ton coeur à cette fée pour toi venue tout exprès
Ne craignant rien d'elle, ne cherchant pas à se faire courtiser.

Ayant osé te faire ami adoré ce que moi-même je n'ai pas osé,
Tu ne dois plus avoir de craintes d'ouvertement lui parler.
Parler du contenu de ce coeur qui pour moi est resté fermé,
Me privant sur terre d'un trésor pourvu dans ma destinée.

Quand cette démarche avec elle avec courage tu auras osé,
Surpris seras-tu découvrant les effets que cela lui fait.
Son comportement ne sera pas celui d'une femme courtisée,
Mais t'amènera avec grâce à faire de toi un homme entier.

Personne de ton comportement ne sera déçu je te le promets,
Chose dont tu doutes et qui est due au début de ta vie passée.
Pouvant enfin te consacrer le restant de cette vie à méditer
Au bien fondé du désir de venir sur terre et de s'y retrouver.

Arrête pour l'instant cette prose car tu as bien travaillé,
Cela calmant tes souffrances que mon départ en toi a réveillées.
Fais donc une pause sans oublier ce que je t'ai bien conseillé,
Et confiant en moi, attends que je vienne à nouveau te visiter...

27 novembre 2005

Une vie de bonheur, n'est-ce pas la chose que tout le monde veut et que personne au monde ne refuse ? Mais où l'a-t-on connue pour la vouloir tant ? Où l'a-t-on vue pour en être si épris ?

Saint Augustin

Il ne faut pas se lamenter sur son passé ! Pour autant, il ne faut pas l'oublier non plus. En effet, c'est l'expérience du passé qui permet au présent d'éviter de reproduire les mêmes erreurs pour le futur !!!

Pierre Legouix

CÉCILE

Chère amie ce poème pour vous je veux faire,
Espérant sincèrement qu'à votre cœur il va plaire.
Car à vous je me devais de vous apporter,
Idées et réflexions sur nos raisons d'exister.
Logique implacable quand nous méditons sur notre ignorance,
En pensant que souvent la peur nous met dans la dépendance.
Elève studieux doit-on être dans cette universelle école,
Pour réussir cette vie sur terre qui n'est qu'un survol.
Permettant d'être armé pour continuer dans d'autres cieux,
Et désirer par cet apprentissage se rapprocher de Dieu.
Fort heureusement de l'existence il n'est pas interdit,
Raisonnablement de profiter sainement de la vie.
Emerveillé doit-on être devant toutes les parures,
N'oubliant pas la générosité que nous donne dame nature.
En écoutant et interprétant ce chant de la vie si léger,
Tous ses indices ne demandant qu'à être trouvés.
Touchant souvent du doigt des vérités si évidentes,
Emerveillant l'élève dans cette démarche exaltante.

31/12/2003

L'amour et un noble cœur ne font qu'un ! Et quand l'un ose aller sans l'autre, c'est comme quand l'âme abandonne la raison !

Dante

La Providence a mis du poil au menton des hommes pour qu'on puisse de loin les distinguer des femmes.

Epictète

Commencez à changer en vous ce que vous voulez changer autour de vous.

Gandhi

Poème à Julia

Jeune fille, réjouis-toi du mariage de ta maman,
Un mari tant espéré qu'elle a trouvé très charmant.
Le jour où elle l'a vu, son cœur meurtri s'emballant,
Inespéré pour elle en effet de l'avoir trouvé en priant
Avec le désir ardent de fonder un foyer très rassurant.
Mari et épouse ils deviennent en ce jour en s'engageant,
A prendre soin de leurs enfants avec bientôt un arrivant.
Réjouis toi car tu pourras pouponner de temps en temps
Avec maman un bébé et en prendre soin sérieusement.
Il fera de toi une grande soeur avec de vrais parents,
Sachant j'en suis sur êtres à ton écoute en t'aimant.

21/03/2009

Tu sauras encore que les hommes choisissent eux-mêmes et librement leurs maux,
Misérables qu'ils sont : ils ne savent ni voir ni entendre les biens qui sont prés d'eux.
Peu nombreux sont ceux qui ont appris à se libérer de leurs maux.
Tel est le sort qui trouble les esprits des mortels.
Comme des cylindres,Ils roulent ça et là, accablés de maux infinis.
Innée en eux, en effet, l'affligeante discorde les accompagne et leur
 nuit sans qu'ils s'en aperçoivent ;
Il ne faut point la provoquer, mais la fuir en cédant.

Extrait des vers d'or de Pythagore

Hélène et ses dix huit ans

Dix huit ans déjà et en prime une beauté du corps en transparence,
C'est me semble-t-il ce que la destinée t'accorda avec bienveillance,
Comme un atout dans ton existence sache préserver cette élégance,
Avec persévérance fais surpasser la beauté intérieure à l'apparence.

Une mère seule mais très courageuse ma chérie ne l'oublies jamais,
Très désemparée elle fut concernant une incertitude de ta destinée,
Confiante dans les voix de sagesse, de ses conseils elle a su écouter,
Afin de Participer à ta venue ici-bas d'un amour vrai étant inspirée.

En son sein elle n'arrivait pas à croire que tu y étais te développant,
A ta conception elle fut bien avertie du genre en elle se manifestant,
A naître sera une belle petite fille de même aussi ta mère le sachant,
Ce que la divine providence lui annonça se vérifie à tes dix huit ans.

Oui jeune demoiselle tu as l'avantage d'être très belle de l'extérieur,
T'invite à tenir compte avec sérieux du compliment de connaisseur,
Espérant que toujours dans ta vie tu entretiens ta beauté intérieure,
Car d'elle provient l'amour vrai et sur la terre procurant le bonheur.

Avec sincérité sois assurée que je souhaite ta réussite dans cette vie,
Que jamais dans l'existence d'être à la recherche du bien tu oublies,
Pour toujours assurer la sagesse t'accompagnant te mettant à l'abri,
De décisions ou choix de la vie devenant mauvais s'ils sont mal pris.

Décide jamais rien jeune fille sans réflexion souvent par impatience,
Propre de sots ignorants, à l'inverse vertueux est le don de patience,
Et permet à l'être la supportant l'avantage d'un don de clairvoyance,
Aidant dans cette vie faite de déceptions dues souvent à l'ignorance.

Pour toi cette prose rythmée comme le battement du cœur paternel,
En hommage de dix huit printemps, chère Hélène, belle demoiselle,
Sois bien respectueuse de la vie et briller telle une étoile dans le ciel,
Et ainsi rester sous la protection d'une divine providence bien réelle.

08/06/2010

Ce texte a été découvert dans une vieille église de Baltimore en 1692

Allez tranquillement parmi le vacarme et la hâte, et souvenez-vous de la paix qui peut exister dans le silence. Sans aliénation, vivez autant que possible en bons termes avec toutes personnes. Dites doucement et clairement votre vérité ; Et écoutez les autres, même le simple d'esprit et l'ignorant ; Ils ont eux aussi leur histoire. Évitez les individus bruyants et agressifs, ils sont une vexation pour l'esprit.

Ne vous comparez avec personne : Vous risqueriez de devenir vain ou vaniteux. Il y a aujourd'hui plus grands et plus petits que vous.

Jouissez de vos projets aussi bien que de vos accomplissements. Soyez toujours intéressé à votre carrière, si modeste soit-elle ; C'est une véritable possession dans les prospérités changeantes du temps. Soyez prudents dans vos affaires ; Car le monde est plein de fourberies. Mais ne soyez pas aveugles en ce qui concerne la vertu qui existe ; Plusieurs individus recherchent les grands idéaux ; Et partout la vie est remplie d'héroïsmes.

Soyez vous-même. Surtout n'affectez pas l'amitié. Non plus ne soyez cyniques en amour, car il est en face de toute stérilité et de tout désenchantement aussi éternel que l'herbe. Prenez avec bonté le conseil des années, en renonçant avec grâce à votre jeunesse.

Fortifiez une puissance d'esprit pour vous protéger en cas de malheur soudain. Mais ne vous chagrinez pas avec vos chimères. De nombreuses peurs naissent de la fatigue et de la solitude. Au-delà d'une discipline saine, soyez doux avec vous-même. Vous êtes un enfant de l'Univers, pas moins que les arbres et les étoiles : Vous avez le droit d'être ici. Et qu'il vous soit clair ou non, l'Univers se déroule sans doute comme il le devrait.

Soyez en paix avec Dieu, quelle que soit votre conception de lui, et quels que soient vos travaux et vos rêves, gardez dans le désarroi bruyant de la vie la paix dans votre âme. Avec toutes ses perfidies, ses besognes fastidieuses et ses rêves brisés, le monde est pourtant beau. Prenez attention. Tâchez d'être heureux.

(Auteur inconnu)

BON ANNIVERSAIRE

Brasse la vie à pleines mains,
Espère dans ces jours incertains,
Réjouis toi de cette année supplémentaire.
N'oubliant pas que c'est ton anniversaire,
Année pour toi je souhaite bénéfique,
Dans un élan d'entente pacifique,
Et surtout n'oublie pas ces préceptes,
Toujours avec joie la vie tu acceptes.
Tournée resteras tu vers le bien,
Espérant meilleur le lendemain ?
Dirige ta vie avec ton cœur,
Arme toi contre les rancœurs,
Grande sera alors ta satisfaction,
Oublie, ignore, les imperfections.
Reste comme tu es, simple et sincère,
Nulle crainte de l'âge n'est nécessaire,
Et encore une fois, bon anniversaire…

24/05/2002

Mesdames, souriez afin que plus tard vos rides soient bien placées.

Madame de Maintenon

Les miracles ne sont pas en contradiction avec les lois de la nature mais avec ce que nous savons de ces lois.

Saint Augustin

Les riches : vous voyez bien ce qu'ils ont, vous ne voyez pas ce qui leur manque.

Saint Augustin

Souhait

Je te souhaite en ce jour mon ami,
En te disant joyeusement bon anniversaire.
Avoir avec ta famille tout le bonheur nécessaire,
N'abusant pas toutefois des richesses de la vie.

Poursuis inlassablement la recherche de la sagesse,
Inévitable sera la découverte dans cette vie de rudesse.
Ecole dure mais enrichissante pour qui l'écoute,
Rendant sage l'élève désireux de prendre cette route.

Réfléchis avec justesse sur l'immensité du mot aimer,
En gardant à l'esprit qu'il est trop souvent galvaudé.
Généreux l'être qui en connaît toutes les facettes,
Restant simple et humble devant une telle recette.

Ecoutes par instant la divine providence,
Avec discernement tu arriveras à la comprendre.
Utile est-elle dans cette vie de surabondance,
Mérite de l'existence pour qui sait la prendre.
Et encore bon anniversaire jean pierre.

2002

C'est le malheur qui met en pleine lumière la véritable amitié et la vertu se fait aimer par son seul prestige.

Euripide

Tu supportes des injustices ; console-toi, le vrai malheur est d'en faire.

Démocrite

On cherche le bien sans qu'on le trouve et l'on trouve le mal sans qu'on le cherche.

Démocrite

LE CHARME

Souhait sincère je te fais chère amie,
Avec cette année supplémentaire dans ta vie.
N'oublie pas avec les ans d'acquérir la sagesse,
Don qui sera en harmonie avec ta gentillesse.
Respire la vie qui j'en suis sûr te sera bénéfique,
Ignorant la susceptibilité d'un monde de polémique.
N'oublie pas que la simplicité qui t'habite est précieuse,
En cette époque de complications pernicieuses.
Puisses tu rester la belle femme que l'on connaît,
Irradiant autour d'elle le charme et la beauté.
Gourmande d'une vie prospère je te souhaite,
Organisant ton existence pour qu'elle reste une fête.
Utilise ton existence pour garder une vie sincère,
Cherchant au fond de ton cœur le bien à parfaire.
Heureuse seras tu à garder cette attitude,
En ces jours pleins d'incertitude.
Triple ban pour toi amie très chère.

2002

Si tu remerciais Dieu pour toutes les joies qu'il te donne, il ne te resterait plus de temps pour te plaindre.

Maître Eckhart

L'amour et un noble cœur ne font qu'un, et quand l'un ose aller sans l'autre, c'est comme quand l'âme abandonne la raison.

Dante

C'est une loi : souffrir pour comprendre.

Eschyle

Union dans le mariage

Maintenant que vous êtes unis par le mariage,
Avec amour faites de votre vie un vrai partage,
Respectez vous mutuellement sans ombrage.
Ignorez le mensonge et la colère entre vous,
Apprenez à bien vous connaître sans tabou,
Garantissant ainsi votre union des remous.
Enseignez à vos enfants la droiture et le bien,
De manière à les mettre sur le bon chemin,
En leur évitant des choix souvent incertains.
Magali mon amie, je te souhaite le bonheur,
Aimant ton mari avec la puissance de ton cœur,
Garantissant ton foyer avec de la bonne humeur.
Afin que la paix règne et soit un repos de l'esprit,
Laisse de côté tes peurs et craintes je t'en prie,
Ignore aussi la méchanceté et les partis pris.
Et ainsi votre vie sera faite de jours heureux,
Trait d'union pour bien réussir une vie à deux,
Bruce mon ami, sois très attentif à ses voeux,
Réalité en effet tu es pour elle un don du ciel
Un sauveur en armure venant sauver sa belle
Créant un espoir devenant incertain pour elle
Espoir en ce jour particulier devenant réalité.....

21/03/2009

La force qui est en chacun de nous est notre plus grand médecin.

Hippocrate

Le vrai moyen d'adoucir ses peines est de soulager celles d'autrui.

Madame de Maintenon

L'hérétique, n'est pas celui que le bûcher brûle, mais celui qui allume.

Francis Bacon

Les amis sont des compagnons de voyage qui nous aident à avancer sur le chemin d'une vie plus heureuse.

Pythagore

Résolution

*Il y a trop longtemps que je dois pouvoir arriver
a arrêter de fumer sans plus jamais y retoucher,
car je sais bien c'est très mauvais pour la santé.
Oui ma chérie tu l'as assez souvent dit et répété,
mais le plaisir que ce foutu tabac me procurait
était beaucoup plus fort que ma pauvre volonté.
pourtant je savais que son parfum sent mauvais,
cela aussi tu l'as souvent et gentiment expliqué.
Même mon entourage me l'avait toujours signalé,
mais ce plaisir malicieusement savait bien inviter
à toujours au lendemain pour me décider d'arrêter,
sans jamais finalement me laisser libre d'accepter.
mais la sage destinée venant m'inviter sans tarder,
pour arrêter de fumer sans la possibilité de reporter
sa décision sans appel qu'elle m'a imposé sans délai,
devant lui obéir sans bien sur nullement contester.
j'ai donc décider pour toi ce que tu n'as jamais fait
m'a t-elle dit dans des reproches nullement nuancés.
Trop longtemps je t'ai supporté avec ta sale fumée,
sentant mauvais et incommodait aussi ta bien aimée.
Pourtant tu sais qu'en secret elle à toujours espéré
pouvoir un jour t'embrasser mais sans cette saleté.
Alors mon ami pour demain tu devras tout stopper !
Ne plus du tout fumer et ne plus jamais y retoucher.
Tu seras en paix avec moi et aussi avec ta bien aimée.
Ne sois pas inquiet et paniqué tout va bien se passer,
veillant sur toi par la pensée pour t'aider à supporter
et rappelles toi demain fumer sera pour toi du passé...*

20/03/2009

Table des poèmes

Avant-propos	6
Introduction	10
Espérance	21
Une Étoile	23
Marie-José	25
J'aime...	27
La morale	29
Qui es-tu ?	33
Une femme mystérieuse	35
Poème à ma mie...	39
Amie	41
Rencontre	43
Lassitude	47
La crainte de Dieu	51
La patience	53
La sagesse	55
L'intelligence	57
La vie	61
Recherche	63
L'amitié	65
Le charme	67
Espoir et paix	69
A l'écoute d'un Ange (I)	71

A l'écoute d'un Ange(II) 73
A l'écoute d'un Ange(III)..75
A l'écoute d'un Ange (IV) 77
A l'écoute d'un Ange (V) 79
A l'écoute d'un Ange (VI) 81
A l'écoute d'un Ange (VII)..83
Cécile..85
Poème à Julia...87
Hélène et ses dix huit ans..89
Bon anniversaire...91
Souhait...93
Le charme..95
Union dans le mariage...97
Résolution..99